AF403744

MÉMOIRE

DU

BUREAU SERVANT

DE LA

COMMUNAUTÉ

DE RENNES.

Sur le nouveau Plan d'éducation demandé par Arrêt de la Cour du 23 Décembre 1761, proposé en forme de Réquisitoire par M. le Meur, Procureur du Roi, Syndic à l'Assemblée générale, tenue en l'Hôtel de Ville, où présidoit M. le Masson des Longrais, Doyen des Echevins en exercice, le 3 Juin 1762.

A RENNES,

Chez GUILLAUME VATAR, Imprimeur du Roi, du Parlement & de la Ville.

M. DCC. LXII.

MESSIEURS,

C'eſt pour obéir à l'Arrêt du Parlement, & à la voix impérieuſe qui parle dans nos cœurs, lorſqu'il s'agit de l'éducation de nos Enfans, que nous allons mettre ſous vos yeux les principaux objets qui nous paroiſſent devoir fixer la délibération importante que la Cour attend de notre zèle & de notre amour pour le bien public ; nous croyons que ces objets ſe réduiſent à trois.

1°. L'Établiſſement du Collége de Rennes.

2°. Ses Revenus.

3°. Un nouveau plan d'Etudes & d'Education dans les Colléges.

ÉTABLISSEMENT DU COLLÉGE DE RENNES.

La Ville de Rennes a eu de tout temps des Ecoles publiques, & même un Collége ſous le titre de Saint Thomas ; c'étoit la Ville qui l'avoit fondé, & qui ſuppléoit de ſes deniers communs & d'octrois à l'inſuffiſance des revenus attachés à ce Collége, pour les appointemens du Principal & des Profeſſeurs.

Henry le Grand donna des Lettres-Patentes en 1604. pour l'établiſſement des Jéſuites en cette Ville, & leur permit de recevoir les nouvelles

Fondations qui feroient faites par le Corps des Habitans. Elles furent enregiftrées au Pa lement de Bretagne le 23 Juin de la même année.

De nouvelles Lettres - Patentes données au mois d'Août 1606, enregiftrées le 9 Janvier 1607, approuverent cet Etabliffement & confirmerent l'union au Collége des Prieurés de Livré, Bregain & Noyal, la levée du doublement des décimes fur le Clergé du Diocèfe pendant un an, & le don de 12000 livres fait par les Etats de la Province.

L'Acte de fondation ne fut paffé que le 9 Octobre 1606 ; des conteftations furvenues entre la Communauté de Rennes & le Général des Jéfuites, qui vouloit attacher ce nouvel Etabliffement à la Province, furent caufe de ce retardement.

Voici les principales claufes de l'Acte de fondation. D'une part la Communauté de Rennes déclare que » pour dotation dudit Collége, elle » a procuré & moyenné la réfignation des Prieu- » rés de Notre-Dame de Livré, & Saint Martin » de Noyal-fur-Vilaine, provenus du zèle de » défunt Meffire Yves Duvigneau ; qu'elle a fait » en conféquence les frais de l'union defdits » Prieurés ; que pareillement elle a fait obtenir, » pour aider à la dotation dudit Collége, la réfi- » gnation & confentement de l'union du Prieuré » de Notre-Dame de Bregain, Evéché de Dol, » laquelle union les Peres Jéfuites feront faire à » leur diligence en Cour de Rome.

» La Communauté déclare pareillement laif- » fer auxdits Jéfuites, & tranfporter à perpetuité » l'ancien revenu du Prieuré & Collége de Saint » Thomas, avec les maifons, jardins, & pour- » pris en dépendans ; elle leur cede auffi pour » parfourniffement de ladite dotation & fondation » le nombre de 3000 liv. de rente, qu'il a plu » à Sa Majefté accorder à la Communauté fur

» les Devoirs d'Impôts & Billots, qui fouloient
» tourner pour les joyaux & papegaults de l'Ar-
» baleftre & de l'Arc, au Pays & Duché de Bre-
» tagne, à la charge auxdits Peres Jéfuites de
» contribuer fur cette fomme de celle de 1000 liv.
» par chaque année, jufqu'à l'entiere conftruc-
» tion de l'Eglife dudit Collége, qu'elle s'oblige
» de leur faire bâtir pour y faire le Service Divin
» felon l'Inftitut de leur Compagnie, enfemble
» un Corps de Logis, Claffes & autres Edifices
» pour l'accommodation dudit Collége.

» La Communauté eftime le montant des cef-
» fions par elle faites aux Peres Jéfuites à la fom-
» me de 6000 liv. de revenu par an, & s'oblige
» en cas d'éviction de parties des chofes cédées
» de fuppléer & refournir, pour que le revenu
» dudit Collége fe trouve toujours de ladite fom-
» me de 6000 liv.

D'autre part les Peres Jéfuites ont accepté
» les unions, réfignations & relais defdits Prieu-
» rés & autres ceffions à eux faites par ledit acte,
» s'en font contentés, & s'obligent d'entretenir
» audit Collége fix Claffes de Rhétorique, Gram-
» maire & Humanités, deux Claffes de Philofo-
» phie; & quant aux Leçons des Cas de con-
» fcience, ils en uferont felon leurs conftitutions
» & leurs coutumes.

» De plus, s'obligent lefdits Jéfuites à l'acquit
» de toutes les Charges, Penfions & Fondations
» dues fur lefdits Bénéfices, & outre, ce qui peut
» concerner les Charges dûes fur les Colléges
» de leur Ordre.

» Ils reconnoiffent que tous les meubles requis
» & néceffaires, leur ont été fournis; s'obligent
» d'entretenir à perpétuité les Maifons dudit Col-
» lége, même de les accroître & augmenter en
» bons ménagers.

A iij

« Enfin les PP. Jef. reconnoiffent les nobles
« Bourgeois, Habitans de Rennes, ponr leurs
« Fondateurs, & promettent leur rendre tous les
« devoirs & prieres portées par leurs Regles &
« Conftitutions.

Le Pere Provincial des Jéfuites s'oblige de fon
côté à faire ratifier ledit Acte de Fondation par le
Révérend Pere Général de fa Compagnie.

Le 24 Avril 1607, le Pere Claude Aquaviva,
Général de la Société, donna une déclaration fi-
gnée de lui, portant approbation de l'Acte de Fondation.

La Leçon feule des Cas de confcience fut excep-
tée ; *attendu*, dit le Général, *qu'il ne peut y être
obligé civilement* : quia ad illam civiliter obligari
non poffumus.

Mais par une Lettre du 17 Mars 1608, écrite
au Pere Perard, Recteur du Collége de Rennes,
& dont l'original eft aux Archives de la Ville ; il
confent que *cette Leçon continue d'être faite, fur ce
qu'il a depuis peu appris que quelques-uns doutoient
s'il ne devoit point permettre la continuation de cette
Leçon qu'on avoit commencée, & de la néceffité &
avantage de laquelle il avoit été pleinement informé,
quoiqu'il ne fût tenu à cette Leçon par aucune obligation civile* : Licèt ad eam civili nullâ obligatione
teneamur.

Le 21 Octobre 1623 il fe paffa un Traité entre
la Communauté de Rennes & les Jéfuites, par
lequel ceux-ci s'obligent de faire conftruire l'E-
glife du Collége, fuivant le plan qui leur a été
donné, en faveur d'une fomme de 70000 qui
leur fera payée à différens termes.

Le 14 Septembre 1653, autre Acte par lequel
la Communauté s'oblige de payer aux Jéfuites
pendant vingt années quatre mille livres par an,
au moyen defquels paiemens elle demeurera quitte

vers lesdits Jésuites de toutes demandes pour raison de la construction de leur Eglise ou autrement.

De leur côté, les Jésuites s'obligent de faire construire le grand Autel de ladite Eglise sous le cours de six années, & deux autres Autels aux deux principales Chapelles sous les six années suivantes, en se conformant aux plans qui leur furent délivrés.

Ils s'obligent encore d'accroître le Collége d'une Classe & d'un Régent de Théologie. Par un autre Acte du premier Mars 1674, la Communauté accorde aux Jésuites, à perpétuité sur les deniers d'Octrois, une somme de 2000 liv. par an, au moyen duquel paiement les Jésuites renoncent à rien demander à la Ville, pour quelque cause que ce puisse être; & outre les Professeurs de Théologie, qu'ils sont tenus de fournir aux fins de la transaction du 14 Septembre 1653, ils s'obligent d'entretenir un autre Professeur pour enseigner en Langue Françoise les Mathématiques, Hydrographie & Science de la Marine, & un Pere pour avoir la conduite de la Congrégation des Artisans.

Tels furent les Titres de l'Etablissement de notre Collége, & les différens Actes qui lierent les Jésuites à la Communauté de Rennes.

REVENUS DU COLLÉGE DE RENNES.

Il n'est pas possible d'apprécier au juste les revenus du Collége de Rennes.

1°. Lorsque les Jésuites furent mis en possession du Collége & Prieuré de Saint Thomas, ils furent en même temps ressaisis de tous les titres de ce Collége. Ce n'est que par la représentation de ces titres qu'il est possible de connoître les revenus.

2°. Il en est de même des trois Prieurés de Livré, Bregain & Noyal, unis au Collége lors de l'Etabliſſement des Jéſuites.

3°. Ils poſſédent encore des terres, des métairies, maiſons, & autres biens qu'on ne peut exactement évaluer qu'à la vue des titres de propriété, aveux, fermes & baux, &c.

Les ſeuls objets ſur leſquels nous ſommes en état de donner des éclairciſſemens ſûrs & précis, ſont :

1°. Une ſomme de 3000 liv. à prendre chaque année ſur les Impôts & Billots de la Province, & que la Communauté de Rennes accorda aux Jéſuites par l'Acte de fondation du 9 Octobre 1606.

2°. 2000 liv. de rente annuelle ſur les deniers d'Octrois; l'Acte de conceſſion eſt du premier Mars 1674.

3°. 450. liv. de rente pour les imdemniſer des Droits d'entrée ſur leurs boiſſons, denrées & proviſions.

Ces trois ſommes forment enſemble un objet invariable de cinq mille quatre cens cinquante livres, ci   5450 liv.

Pour être en état d'apprécier également les autres objets, nous avons été forcés de nous adreſſer aux Jéſuites; nous leur avons demandé la communication de leurs Titres, Actes & Papiers. Ils nous ont répondu qu'ils les avoient envoyés à M. le Chancelier, conformément aux ordres du Roi; ils nous ont ſeulement remis un état nud & ſans piéces en charge & en décharge, ni ſigné, ni daté, dont voici copie.

ÉTAT DES REVENUS DU COLLÉGE.

Du Prieuré de Livré, bon an, mal an,	4000 liv.
Du Prieuré de Bregain,	1700 liv.

Du Prieuré de Noyal-sur-Vilaine,	1014 L. 3 f. 8 d.
Du Fief St. Thomas,	374 l.
Du Papegault,	3000 l.
De la Maison de Ville, rente fonciere,	2000 l.
De la Maison de Ville, pour indemnité des Entrées,	450 l.
Lods & Ventes, année commune,	300 l.
Du loyer des maisons en Rennes,	948 l.

Total des Revenus de la fondation propre,	13786 l. 3. f. 8. d.

Des Métairies près Rennes,	862 l.
Des pensions des Peres Jésuites,	2272 l.
Des Chaises, année commune,	1200 l.
Rente sur deux maisons de la Rue Haute,	20 l.

Total d'acquêts & casuels,	4354 l.

Total des Revenus du Collége,	18140 l. 3 f. 8 d.

ÉTAT DES CHARGES ACTUELLES.

Pour Décimes, Portions Congrues & Chapelains,	2031 l. 18 f.
Réparations, année commune,	2000 l.

A v

Pauvres Ecoliers, Vêpres,
  Organiste,   205 l.
Rentes viageres,   154 l.
Rente à la Bibliothéque &
  Prix de la fin de l'an-
  née,   130 l.
Deux Retraites à Saint Ma-
  lo, & Lampes fondées,   120 l.
Rentes Seigneuriales , &
  Quittances des Rentes,   37 l. 7 f.
Rente aux Chapelles Ste.
  Anne & du St. Efprit ,   24 l. 2 f.
Gages & Capitation de nos
  Domeftiques de Rennes,   201 l. 10 f.
Taxes pour les frais de la
  Province ,   330 l.

  Total des Charges ac-
tuelles ,   5233 l. 17 f.

Le revenu entier eft de   18140 l. 3 f. 8 d.
Les Charges font ,   5233 l. 17 f.

Pour revenu pour trente
  perfonnes ,   12906 l. 6 f. 8 d.

Vous voyez , Meffieurs, par cet Etat, que le
total des Revenus du Collége fe monte à 18140
liv. 3 f. 8 d, qui en fait la charge ; & que la décharge eft de 5233 liv. 17 f. Ainfi les Jéfuites
n'auroient à dépenfer par an que 12906 liv. 6 f.
8 den.

Nous ne voulons point douter, Meffieurs, de la
fidélité de cet Etat. Nous nous en rapportons à la
bonne foi des Jéfuites. Mais nous ne pouvons nous
difpenfer de vous faire obferver quelques omif-
fions effentielles , & quelques erreurs infépara-

bles d'un détail où l'on se trouve obligé d'entrer sans avoir les piéces à produire au soutien.

Les Jésuites ne parlent point des Revenus de la Retraite ; Revenus très-considérables, surtout en rentes constituées. En vain diroit-on que ces Revenus sont le fruit de leur économie ; ils n'en sont pas moins des dépendances du Collége, puisque le logement des Peres de la Retraite, & de ceux qui s'y renferment, même la Chapelle & le Réfectoire, font partie des maisons attachées au Collége, construites aux dépens de la Ville, & sur un fonds qui lui appartient.

Il est vrai que l'on porte vaguement en charge la somme de 2272 liv. pour pensions *des Peres Jésuites*, sans rien spécifier de plus. Nous avons appris que cet article regardoit les Peres & Freres de la Retraite, qui prennent leurs pensions au Collége ; mais cet arrangemt ne peut être considéré que comme une économie purement domestique, qui ne change rien à la nature des choses, & qui ne peut remplacer l'omission essentielle qu'on a faite des revenus de la Retraite : cette omission devient encore plus frappante, lorsqu'on voit employer en dépense cent vingt livres pour deux Retraites & Lampes fondées à St. Malo.

Au surplus, il seroit inutile d'entrer dans un plus grand détail ; les piéces justificatives seront servies à la Cour ; ses lumieres supérieures perceront les ténébres & feront éclater la vérité. Bien des Fondations pieuses, ensevelies dans l'oubli, sortiront peut-être de l'obscurité : cette derniere observation nous dispense d'examiner les objets portés en décharge. Nous ne pourrions donner que des doutes, la Cour attend de nous des assertions.

PLAN D'ÉDUCATION.

L'obligation où nous sommes, Messieurs, de fournir un nouveau Plan d'Education, est fondée sur les conclusions de M. le Procureur Général, & sur l'Arrêt rendu conformément à ces conclusions.

L'Arrêt porte... » Et désirant ladite Cour pour- » voir suffisamment à l'éducation de la Jeunesse, » ordonne que.... les Maires & Echevins..... » feront tenus d'envoyer au Procureur Général » mémoire sur ce qu'ils estiment convenable à » ce sujet, pour être par la Cour ordonné, le 5. » Juillet, &c.

Pour nous conformer à ces ordres respectables ; nous allons proposer seulement quelques réflexions générales, dictées par l'expérience & par la raison ; c'est tout ce qu'on peut attendre de bons Cytoyens qui désirent le bien & qui cherchent à le faire.

Et d'abord, quoi de plus frappant que les défauts monstrueux de la Méthode admise dans les Ecoles ? Le Ministere public n'a rien laissé à désirer sur cet objet ; il a peint ces défauts avec autant de vérité que de force ; on voit par le discours de M. le Procureur Général, que le mal a gagné toutes les parties de l'éducation, que tous les genres d'études ont besoin de réforme.

PREMIERES INSTRUCTIONS.

Reforme à faire dans les premieres Instructions.

Les Enfans ne peuvent marcher constamment dans la carriere des Lettres, si on les fait broncher dès les premiers pas ; cependant on les accable

13

sous le poids énorme de Regles & de prétendus
Principes consignés dans des Rudimens, des Par-
ticules, & autres Livres qui sont en même temps
l'épouventail de la Jeunesse & le fléau de la raison. Au lieu de parler à leurs yeux & à leur imagination, au lieu de leur offrir des objets d'a-
musemens & de plaisir, on ne parle que de Su-
pins, de *Gérondifs*, d'*Ablatifs absolus*, & d'autres
objets abstraits, qui effraient l'oreille par la bar-
barie du son, & qui rebutent l'esprit par la multitude des épines dont ils sont hérissés.

Une idée générale, mais distincte des parties
du Discours, les Déclinaisons des Noms, des
Pronoms, les Conjugaisons des Verbes, le tout
réduit & abrégé, les Prépositions les plus d'usa-
ge, avec leurs significations & leur régime; quelques Adverbes des plus communs; le petit nombre de Regles fondamentales de la Syntaxe : voilà tout ce qui doit remplir le premier porte-
feuille de l'Ecolier. Nous disons *porte-feuille*,
car on ne doit lui tracer toutes les premieres
connoissances que sur de simples feuilles volan-
tes. De cette maniere, il n'apperçoit les objets
que par parties; il les saisit plus facilement, &
passe du simple au composé, de l'aisé au difrici-
le, sans presque s'en appercevoir : c'est la méthode indiquée par la nature, & adoptée par le
bon sens.

Après ces connoissances préliminaires, on peut
passer tout de suite à l'explication d'un Auteur
Latin, facile, clair, historique, à la portée des
Enfans; nous sommes persuadés qu'en trois mois
ils seront plus avancés dans la connoissance du
Latin, qu'ils n'auroient pu l'être en trois ans par
l'ancienne Méthode.

HUMANITÉS.

Réforme dans les Humanités.

Il faut en abréger confidérablement le temps, & diminuer le nombre des Claffes inférieures, qu'on pourroit réduire à trois ; on trouveroit un autre avantage dans ce retranchement : ce feroit l'augmentation des appointemens de chaque Profeffeur.

C'eft principalement dans les Humanités qu'il fe préfente bien des chofes à retrancher, & bien d'autres à fuppléer. Les Thêmes, les Vers latins, font des objets qui confument prefque tout le temps des Eleves, & qui font inutiles, & peut-être nuifibles à l'avancement de la Jeuneffe.

Les premiers accoutument à faire, avec beaucoup de travail, de mauvais Latins : les feconds ne font d'aucune utilité hors du Collége & dans la fuite de la vie. A l'exception de deux ou trois Ecoliers, qui auront des difpofitions pour la Poëfie Latine, & qu'un bon Régent peut exercer en particulier, tout le refte perd fon temps.

Il fuffit donc feulement de faire apprendre quelques-unes des Regles effentielles de la Profodie ; l'ufage enfeignera le refte : il fuffit encore de faire traduire de François en Latin quelques morceaux choifis, mais feulement dans la derniere Claffe d'Humanités, pour effayer le ftyle des jeunes gens, & les accoutumer à parler Latin. Comme dans les Auteurs qu'ils auront expliqués ils auront fait une ample provifion d'expreffions latines, il n'y aura plus de danger alors de les laiffer s'exprimer en cette Langue.

Dans la premiere Claffe, l'application des Regles fondamentales fe feroit de vive voix par

des phrases faciles pour les mots que le Professeur proposeroit d'abord à ses Disciples, & que
les Disciples ensuite proposeroient entr'eux.

Le grand & presque l'unique point est l'Explication, beaucoup d'Exercices & peu de Regles:
longum iter per precepta, breve per exempla.

En expliquant *Ciceron*, *Virgile*, *Horace*, on lie
conversation avec ces grands hommes; on se nour-
rit de leurs pensées, de leur style, ils deviennent
nos Précepteurs; & quels Précepteurs! On fait
la même chose qu'un Etranger qui, pour apprendre le François, se transporteroit de suite à la
Cour, & qui n'y converseroit qu'avec les Cour-
tisans les plus spirituels & les plus polis. Ce seroit
certainement-là une bonne Ecole pour l'Etranger; il y cueilleroit, pour ainsi dire, la fleur de
l'Urbanité Françoise: c'est l'avantage qu'on se
procure en expliquant les bons Auteurs.

LATIN, GREC, ET FRANÇOIS.

A l'étude du Latin il est essentiel de join-
dre la connoissance du Grec, & d'y ajouter celle du François; ces trois Langues doivent marcher de front, & s'apprendre par les mêmes
moyens: il faut sur-tout avoir attention de traduire le Grec immédiatement en François, à cause du grand rapport qu'ont ces deux Langues
pour le tour & pour la phrase; tous les gens éclai-
rés conviennent que sans le Grec on ne peut
jamais devenir sçavant.

Pour le François, on se contentera d'abord
d'un petit Abregé, tel que celui de *Restaut*, &
l'on reservera les finesses & les délicatesses de la
Langue pour la derniere Classe des Humanités;
c'est-là qu'on fera connoître les services inestima-
bles qu'ont rendus à la Langue Françoise les *Vau-*

gelas, les *Bouhours*, les *Arnauld*, les *Dumarzais*, les *Dolivet*, les *Girard*, &c.

Il feroit ridicule d'avoir étudié les Langues d'Athènes & de Rome, & de ne n'avoir qu'une connoiſſance ſuperficielle, aveugle & groſſiere, de ſa propre Langue, dont le beſoin ſe fait ſentir dans toutes les circonſtances de la vie.

Prononciation Latine.

La véritable prononciation du Latin eſt un objet extrêmement négligé chez nous, & qui cependant mérite une attention ſérieuſe. Un des grands avantages de la Langue Latine, eſt de ſervir de guide aux Voyageurs dans les Pays du Rit Latin, principalement en Allemagne, en Pologne & dans tout le Nord. Comment un Allemand ou un Anglois entendront-ils un François, & en ſeront-ils entendus, ſi la prononciation n'eſt pas uniforme? Le François adoucit tout, & par-là corrompt les accens, les inflexions, le ton mâle, vigoureux & plein de ſyllabes; ſon Latin eſt ſec, eſtropié & ſans harmonie. Qu'un Anglois & un François liſent la même page de Latin, on croira entendre deux Langues entierement différentes. Ce fait eſt juſtifié par l'expérience, & tout le monde eſt à lieu de le répéter.

Il eſt donc eſſentiel d'inſiſter ſur la véritable prononciation. De tous les Peuples de l'Europe, les François ſont ceux qui prononcent la Langue Latine le plus mal. On convient aſſez de l'abus, mais l'habitude & peut-être une mauvaiſe honte empêchent de le réformer. On ne doit avoir honte que d'être volontairement dans l'erreur, & d'y perſévérer.

PRONONCIATION GRECQUE.

On doit faire la même obfervation fur le Grec; la prononciation *beta*, *heta*, *theta*, *tau*, eft démontrée; pourquoi fe difpenfer de la fuivre ! En prononçant *vita*, *ita*, *thita*, *taf*, on ne peut jamais parvenir à fçavoir parfaitement le Grec. On ne comprend plus rien dans les étymologies ; on détruit l'analogie admirable qui régle & affortit les lettres, les fyllabes & les différentes parties de cette Langue ; c'eft une voûte dont toutes les pierres fe tenoient ; en altérant la forme de ces pierres, la voûte s'affaiffe, la clef fe déplace, & fait crouler tout l'édifice.

PRONONCIATION FRANÇOISE.

Il eft furprenant qu'on foit obligé de donner des leçons de prononciation Françoife à des François. Il n'en eft pas moins vrai que c'eft une chofe néceffaire, & que les François ont autant befoin d'inftruction fur ce point que les Etrangers.

On doit appuyer fur la différence de la prononciation foutenue, & de la prononciation ordinaire ; la confufion de ces deux efpeces de prononciation fait des Pédans, qui articulent exactement toutes les fyllabes, & les font fonner avec emphafe. Ces Gens-là prêchent à table, & déclament jufqu'au bon-jour. Un bon Livre fur ce fujet eft un Livre à faire, & à mettre entre les mains de tous les Ecoliers. Bien des perfonnes avancées en âge y trouveroient à s'inftruire.

GÉOGRAPHIE.

L'étude de la Géographie ancienne doit accompagne la lecture des Auteurs, fur-tout des Hiftoriens & des Poëtes. On ne doit jamais les expliquer qu'une carte à la main ; celles de Grece & d'Italie font les plus néceffaires : ce font autant de tableaux qui fixent les objets. On ne lit plus, on voit, on fuit la carte, *Xenophon & les dix mille* ; on traverfe avec eux l'Afie ; on paffe les fleuves, on franchit les montagnes, on partage les fatigues & les dangers de cette fameu-fe retraite, & on arrive en Grece avec ce Héros. Une carte d'Afie fera pareillement néceffaire ; en expliquant *Quinte-Curce*, elle fera appercevoir les fautes groffieres de Géographie que l'Auteur de la Vie ou du Roman d'Alexandre a commifes. La lecture de la Géographie de *La Croix*, fur-tout la derniere Edition, feroit auffi très-avantageufe.

CHRONOLOGIE.

La Chronologie n'eft pas moins utile que la Géographie ; la premiere donne aux faits un temps fixe, comme la feconde leur affigne un lieu déterminé. Des abregés de l'une & de l'au-tre de ces Sciences fuffiront d'abord ; on mar-quera feulement les grandes époques & les lieux renommés : bien-tôt les intervalles fe rempli-ront, & à l'aide des tables & des cartes qui fe-ront toujours expofées dans les Claffes, ces deux Sciences entreront dans l'efprit par les yeux, & fe trouveront apprifes fans effort & fans appli-cation.

HISTOIRE.

L'introduction à l'Hiftoire par *M. Langlet du Frenoy*, & fon Abregé de Géographie, font deux Ouvrages qui mettront les Enfans en état de lire avec profit les Livres hiftoriques qu'on leur fera expliquer.

Parmi les Hiſtoires modernes , celles de France & de Bretagne doivent , ſans contredit , tenir la premiere place. Après cela , comme il ne ſeroit pas poſſible d'apprendre à fond l'Hiſtoire dans un eſpace auſſi court que celui des études ordinaires , les Profeſſeurs donneront ſeulement une notice des Livres qu'il faudra lire , & de l'ordre dans lequel il faudra les lire. Ici M. Langlet du Frenoy ſervira encore de Guide.

MYTHOLOGÍE.

Puiſque des Payens ſont nos maîtres de goût , il eſt indiſpenſable de connoître la Religion qu'ils profeſſoient , & à laquelle ils font ſans ceſſe alluſion dans leurs Ouvrages. L'*Appendix de Diis* , & la connoiſſance de la *Mythologie* , par Demandes & par Réponſes, (imprimée à Paris chez Etienne-François Savoye) , ont l'avantage de renfermer à cet égard beaucoup de choſes en peu de mots.

Dans la ſuite la lecture d'*Homere* , d'*Héſiode* , d'*Ovide* , &c. réveillera les premieres idées , & en fera naître de nouvelles ; & voilà encore un des grands avantages que procurera la ſuppreſſion des Thêmes & des Vers latins. Outre qu'elle ménagera du loiſir pour les différentes branches de littérature dont nous venons de parler , elle donnera le temps de lire en entier des Auteurs dont on ne voyoit qu'une très-petite partie , toutes les Métamorphoſes d'*Ovide* (corrigées) , les Livres de la nature de Dieu , &c. On puiſera dans les ſources mêmes la connoiſſance de la Mythologie : lire toujours les originaux , grand moyen de ſçavoir bien ce qu'on ſçait.

ANTIQUITÉS.

On ne peut entendre les Auteurs , ſur-tout

les *Satyriques*, comme *Horace*, *Juvenal*, ni les *Historiens* à détails, comme *Suetone*, *Tacite*, &c. sans connoître les mœurs des Anciens, leurs façons de vivre en public & en particulier, leurs cérémonies, leurs coutumes, leurs festins, leurs fêtes, leurs armes, leurs combats, leurs vétemens, leurs édifices, leurs loix, &c. Ce sont tous ces objets qui composent ce qu'on appelle *Antiquités* : on a des volumes immenses sur cette matiere ; on trouve dans l'abregé *Rosin*, ou dans l'excellent Ouvrage de *Louis Vaslet*, (imprimé à la Haye en 1723) tout ce qui regarde cette partie ; c'est le Commentaire de tous les Auteurs Latins, & la clef des difficultés qui arrêtent toujours sur des usages que l'on ne connoît pas, & qui sont entierement différens des nôtres.

Ce fut par la méthode que nous venons d'indiquer, que le fameux *le Feuvre de Saumur* fit en moins de quatre ans un prodige de son fils ; *& pour en faire autant, peut-être encore plus*, dit ce sçavant Humaniste, en terminant l'exposé qu'il nous a laissé de la méthode qu'il avoit suivie, *Pour tout cela il n'est besoin que d'une chose ; C'EST UN BON MAISTRE*. Nous traiterons dans un moment cette importante partie.

PHILOSOPHIE.

De toutes les réformes qu'il est nécessaire de faire dans toutes les parties de l'éducation de la Jeunesse, celle de la Philosophie est la plus essentielle. Il est pressant de la purger de toutes ces questions inutiles, frivoles & trop subtiles, de cette forme scholastique qui n'est propre qu'à apprendre à discourir long-temps sur des chimeres.

LOGIQUE.

La Logique de Port-Royal , dégagée de tout ce qu'un reſte de complaiſance pour la vieille Philoſophie y avoit laiſſé d'abſtrait , renferme tout ce qu'il eſt néceſſaire de ſçavoir ſur ce point. L'Ouvrage de *M. Nicole* ſur les reſſources des ſophiſmes, eſt un morceau ſupérieur, & d'u nuſage univerſel dans tous les états & dans tous les inſtans de la vie. Il nous a encore donné des choſes excellentes ſur la Méthode.

MÉTAPHYSIQUE.

La Métaphyſique doit ſuivre immédiatement la Logique, ſoit par la connexion de ces deux ſciences, qui ne conſiderent que des objets ſéparés de la matiere, ſoit par l'importance même de la Métaphyſique, qui enviſage & diſcute les premiers principes de nos connoiſſances , & fournit les fondemens ſolides de tout ce que nous voulons ſçavoir & approfondir.

C'eſt ici qu'il y a de grands retranchemens à faire dans la partie appellée *Onthologie* , & qui traite de l'Etre en général.

Dans la plupart des Métaphyſiques, toute cette partie n'eſt qu'un tiſſu de chimeres & d'abſurdités, comme les *Univerſaux* , les *Dégrés métaphyſiques* , les *Virtualiter* , les *A parte rei* ; la queſtion de ſçavoir ſi Dieu peut être renfermé dans la Cathégorie de la ſubſtance, ou *ſi l'Etre eſt univoque* , *équivoque ou analogue au reſpect de Dieu ou de la Créature* ; voilà ce qu'on nous a enſeigné dans notre jeuneſſe, ce qu'on enſeigne encore à nos Enfans, & ce qui n'a manqué de nous gâter entierement , que parce que nous avions le bonheur de n'y rien comprendre.

L'essentiel de cette branche de Philosophie consiste dans le développement & l'explication des axiomes, & des premiers principes des Sciences, avec les différentes démonstrations de la divinité & de l'immortalité de l'ame. On y ajoûtera quelques notions sur la nature de l'ame & sur les idées ; mais tout cela doit être manié avec bien de la prudence & de la discrétion : on s'attachera surtout à établir les fondemens de la certitude contre les Pyrrhoniens, & de la spiritualité de l'ame contre les Matérialistes.

PHYSIQUE.

La Physique doit être toute expérimentale. M. l'*Abbé Nollet* a donné à ses Cours une célébrité qui ne permet pas de suivre d'autre Guide. On n'a peut-être pas encore assez de matériaux pour faire un bon systême de Physique : nous connoissons les effets naturels, & quelques causes immédiates & prochaines ; mais pour les causes éloignées, pour les causes premieres, elles sont cachées sous un voile épais, qu'il ne sera jamais permis à la vue humaine de percer. Si l'on pouvoit pénétrer dans le Sanctuaire de la Nature, on ne disputeroit plus ; mais le monde a été abandonné à la dispute des hommes.

Les élémens de Géométrie sont une introduction naturelle à la Physique ; ceux de M. *Rivard* méritent l'accueil que le Public leur a fait ; il ne seroit peut-être pas impossible de faire mieux encore : le Professeur de Mathématiques établi par Nosseigneurs des Etats, donne des leçons publiques ; les Etudians en Philosophie y assisteroient dès le commencement de la Logique ; les Mathématiques elles-mêmes sont une Logique exceltente, & l'application la plus juste des principes & de la méthode de l'art de bien conduire sa raison dans la recherche de la vérité. Il seroit à propos d'affilier le Professeur à l'Université dont on parlera dans un moment.

La Bretagne est une presqu'Isle ; les Habitans des Côtes ont un attrait naturel pour la mer, ce qui rend nécessaire un Professeur d'Hydrographie ; il donneroit à Rennes des leçons qu'on viendroit prendre facilement de toute la haute-Bretagne ; celui qui est établi à Brest serviroit pour toute la basse-Bretagne, & seroit pareillement affilié au Corps de l'Université.

MORALE.

La Morale ne doit marcher qu'après les autres parties de la Philosophie, parce que c'est à cette fin que doivent tendre toutes les connoissances que nous nous efforçons d'acquérir. Elles nous seroient inutiles sans la connoissance de nous-mêmes & de nos devoirs ; on doit donc en écarter tout ce qui n'est que pointilleux & subtil. La Morale est une science toute grave, toute sérieuse, comme son objet, & qui doit être traitée en grand, avec circonspection & avec exactitude. Il seroit même à souhaiter qu'on le fît d'une manière intéressante & affectueuse. Il est question de former des Citoyens, des Sages, des Chrétiens : l'homme considéré par rapport à Dieu, par rapport à lui-même, & par rapport aux autres hommes ; voilà toute la matiere de la Morale.

Après avoir examiné en général les principes & la fin des actions humaines, ce qui conduit aux notions du bien & du mal moral, du vice & de la vertu, ces trois premieres divisions en renferment beaucoup d'autres, qu'un bon Professeur

aura foin de développer, toujours avec l'atten-
cion de ne rien dire que d'utile & de néceffaire.
Le temps eft trop court pour en perdre un feul
inftant.

RHETORIQUE.

L'art de perfuader par la parole, fuppofe néceffairement l'art de raifonner, & toutes les con-
noiffances acquifes qui peuvent conduire à la per-
fuafion ; c'eft pourquoi la Rhétorique ne doit être
enfeignée qu'après la Philofophie.

Suivant *La Bruyere*, » les Pédans n'admettent
» l'éloquence que dans le ftyle oratoire, & ne la
» diftinguent point de l'entaffement des figures,
» de l'ufage des grands mots, & de la rondeur
» des périodes. «

Voilà la Rhétorique des Colléges, & celle qu'il
faut fupprimer. L'éloquence peut fe trouver dans
les entretiens & dans tous genres d'écrire, continue le même Auteur. Voilà le plan fur lequel il
faut réformer la Rhétorique des Colléges.

Une Rhétorique tirée d'*Ariftote*, de *Ciceron*, de
Quintilien, de *Longin*, de *Denis d'Halicarnaffe*, &
d'Horace même dans fon Art Poétique, dont beaucoup de régles font communes aux Poëtes & aux
Orateurs, une telle Rhétorique bien digérée,
faite avec goût, feroit un ouvrage admirable; on
appuieroit furtout fur la Rhétorique des paffions,
qui font le grand champ de l'Orateur, & où
triomphe *Ariftote* dans fon fecond Livre. On feroit d'autant plus en état de bien manier cet objet, qu'on auroit appris en Philofophie à connoître la nature des paffions, leurs caufes, leurs effets, leur activité, leurs remédes.

On eft plus fûr de perfuader, en parlant aux
paffions

paſſions des hommes, qu'à leur raiſon ; c'eſt que la paſſion a toujours raiſon.

La Rhétorique des bienſéances, & les précautions oratoires qui en ſont la ſuite, ſont encore des parties les plus néceſſaires de l'art de perſuader, *caput artis decere* ; c'eſt à quoi le Prince des Orateurs Latins ramenoit tout le fond d'un art où il excelloit. On pourroit en effet réduire toute la Rhétorique à ces deux points ; mais pour entrer un peu plus dans le détail, on la fixe ordinairement à trois objets, *inſtruire*, *émouvoir*, & *plaire* ; ce ſont les trois fameuſes armes de la perſuaſion : on n'a pas toujours occaſion d'*inſtruire*, tous les ſujets ne demandent pas qu'on cherche à *émouvoir*, on doit toujours *plaire*.

Les mêmes défauts qu'on reproche ſi juſtement aux Rhéteurs de nos jours, regnoient chez les Romains du temps de *Pétrone* ; nous ſommes moins excuſables, parce que nous ſommes venus après eux, & que nous aurions du profiter de leurs fautes, & nous corriger.

La cenſure que fait *Pétrone* des Déclamateurs de ſon temps, convient ſi bien à ceux du nôtre, qu'on croiroit qu'il étoit François, & qu'il vivoit dans le ſiecle où nous ſommes.

Il commence par les dépeindre comme des fu-
» rieux qui pouſſent des cris effroyables, & qui
» donnent dans les figures les plus extravagantes
» & les plus outrées, & c'eſt ce qui rend les jeu-
» nes gens ſi ſots dans les Colléges, (remarque
» ce judicieux Ecrivain ;) au lieu de leur faire
» voir & de leur enſeigner les choſes les plus
» ordinaires, on leur repréſente dans les compo-
» ſitions, des Pyrates qui paroiſſent ſur un riva-
» ge avec des chaînes, des Tyrans qui com-
» mandent aux enfans de couper la tête à leurs
» peres ; des Oracles qui dans un temps de peſte

» ordonnent qu'on immole de jeunes Vierges.
» On accoûtume ces jeunes Eleves à des afféte-
» ries de ftyle, à des expreffions apprêtées &
» précieufes, dont ils faupoudrent & affaifon-
» nent tous leurs difcours. Ceux qu'on éleve de
» la forte font auffi peu capables de parvenir à la
» délicateffe du goût, qu'il eft poffible d'avoir
» une bonne odeur en fréquentant les Cuifines.

Le Latin eft plus énergique.

» *Et ideo ego adolefcentulos exiftimo in fcholis*
» *ftultiffimos fieri, quia nihil ex iis quæ in ufu ha-*
» *bemus, aut audiunt, aut vident, fed Pyratas cum*
» *catenis in littore ftantes, & Tyrannos edicta fcri-*
» *bentes, quibus imperant filiis ut patrum fuorum ca-*
» *pita præcidant; fed refponfa in peftilentiam data,*
» *ut Virgines tres aut plures immolentur; fed melli-*
» *tos verborum globulos, & omnia dicta, factaque,*
» *quafi papavere & fefamo fparfa. Qui inter hæc nu-*
» *triuntur, non magis fapere poffunt, quàm benè ole-*
» *re qui in culina habitant.*

Pétrone avoit dit plus haut que » toute cette
» enflure de ftyle ne fervoit aux jeunes gens qui
» entroient dans le Barreau, qu'à leur faire croi-
» re qu'ils étoient tranfportés dans un autre mon-
» de; *fe in alium terrarum orbem delatos.* «

Il obferve encore que toute cette éloquence
bourfouflée, & ce flux prodigieux des paroles,
étoient comme une influence contagieufe qui
avoit frappé les jeunes gens, dont le génie pre-
noit fon effor vers le grand, & avoit étouffé la
véritable éloquence : *Ventofa ifthæc & enormis*
loquacitas . . . . . animos . . . . . juvenum ad magna
furgentes, veluti peftilenti quodam fidere, afflavit,
fimulque corrupta eloquentiæ regula ftetit & ob-
muruit.

Tout ce morceau, que nous abrégeons, renferme une critique auffi délicate que fenfée, &

il n'y a perſonne qui ne reconnoiſſe dans les por-
traits de *Pétrone*, les *vices qui inſeʒent* l'éducation
de notre Jeuneſſe, & qui ne ſont que trop ſenſi-
bles. De-là ces expreſſions ordinaires, preſque
paſſées en proverbe, *amplification de Collége, cela
ſent le Collége ; ſor comme un Écolier qui ſort du Collége* : ce ſont autant de voix, autant de cris de la
vérité, qui annoncent, qui publient les mauvai-
ſes leçons qu'on donne au Collége. Il ſeroit donc
à propos d'inſpirer aux jeunes gens une idée ſai-
ne de la véritable éloquence. Ils ont ſurtout beſoin d'un bon Traité de la narration ; d'après les
principes de ce Traité on les exerceroit, non pas
dans les amplifications ridicules dont *Pétrone*
vient de ſe moquer, mais dans le récit de choſes
d'uſages, dans des deſcriptions de machines, de
fêtes, de jardins, de promenades, dans les rela-
tions de faits ſérieux ou comiques, de voyage,
&c. le tout en termes propres & dans les expreſſions convenables au ſujet, ce qui leur formeroit
tout à la fois le ſtyle & le goût ; on pourroit les
envoyer dans l'attelier d'un Peintre, dans la bou-
tique d'un Orfévre, dans le laboratoire d'un
Chymiſte, dans une Manufacture, &c. On leur
feroit rapporter par écrit ce qu'ils y auroient vu,
ce qui les auroit frappés ; par-là ils ne ſeroient
plus embarraſſés, comme ils le ſont ordinairement, à rendre leurs idées, & à écrire deux mots
ſur les choſes les plus ordinaires.

On les exerceroit encore à la critique des Auteurs ; on les accoutumeroit à diſtinguer le bon
du médiocre, & l'excellent du bon, à diſcerner
les beautés & les défauts, à en rendre raiſon, &
à les appuyer d'exemples. Ils en trouveroient en
abondance dans les Poëtes & dans les Orateurs
dont on auroit eu le ſoin de leur faire apprendre
les endroits les plus inſtructifs & les plus remar-

quables. La mémoire eſt le talent propre de la
Jeuneſſe, mais il faut avoir un grand ſoin de ne
lui confier que de l'utile & du beau.

Lorſque les Eleves ſe ſeroient nourris des vé-
ritables principes, on leur permettroit de fournir quelque choſe de leur crû, & de travailler ſur
des objets qu'on ne feroit que leur indiquer de
vive voix ; on commenceroit par le genre *démonſ-
tratif*, qui eſt plus à la portée des jeunes gens : ce
ſeroit des complimens, des éloges, des diſſerta-
tions, des plaidoyers, des queſtions littéraires &
curieuſes ; & en leur faiſant voir les fautes qu'ils
auroient commiſes, on leur ſubſtitueroit ſur le
champ la bonne maniere qu'ils auroient dû ſuivre, le tout appuyé d'exemples & de raiſons,
comme nous avons dit ci-deſſus.

Il ſeroit à ſouhaiter que l'on pût conſacrer deux
années à l'étude de la Rhétorique, tant à cauſe
de l'abondance des matieres, que parce que la
Rhétorique eſt le terme de toutes les autres Etudes, & celle dont les ſervices ſont le plus éten-
dus & les plus journaliers : on ne parle, on n'é-
crit que pour perſuader, & la Rhétorique eſt pré-
ciſément l'art de perſuader.

THEOLOGIE.

Nous oſons propoſer, à certains égards, pour
la Théologie, la même réforme que nous avons
indiquée pour la Philoſophie.

N'eſt-il pas temps d'écarter tous ces Scholaſti-
ques qui ont inondé l'Egliſe depuis le douzié-
me ſiécle, & qui ont exercé leur imagination ſur
les hypothèſes les plus extravagantes, ſur des poſſi-
bilités ridicules & ſur de miſérables queſtions de
mots. L'étude de la Poſitive, celle de l'Ecriture,
des Peres & des Conciles, du Droit Eccléſiaſti-

que, forme les connoiſſances graves & ſérieuſes qui doivent dominer dans l'étude de la Théologie. Ce n'eſt pas que nous prétendions abolir entierement la forme ſyllogiſtique, elle peut avoir lieu dans quelques occaſions ; mais, encore une fois, il ne faut uſer de cette méthode que dans des cas ſinguliers, & ſeulement pour apprendre à manier des armes dont les adverſaires de l'Egliſe Catholique ſe ſerviroient peut-être avec ſuccès contr'elle, ſi l'on n'avoit pas exercé ſes Défenſeurs à en faire uſage.

Il n'eſt peut-être pas encore temps d'eſpérer une réforme parfaite dans les différens genres d'étude que nous venons d'examiner ; les abus s'introduiſent en peu de temps, il faut des ſiécles pour les abolir.

MAISTRES.

Ce ſeroit peu que d'avoir trouvé la véritable route, ſi l'on n'avoit des Guides pour s'y conduire ſûrement ; c'eſt l'office des Maîtres habiles, ils ſont comme la baſe de l'édifice littéraire.

Les bons Eleves ſortiront de l'Ecole des bons Maitres. Il n'eſt peut-être pas auſſi difficile qu'on le penſe de s'en procurer. Deux attraits les feront accourir de toutes parts, le profit & la gloire ; c'eſt-à-dire des appointemens aſſez forts pour appeller des gens de mérite, ſans fortune, & des diſtinctions aſſez flatteuſes pour exciter ceux qui n'auroient beſoin que d'honneur.

La voie du concours eſt la plus ſûre pour avoir de bons Sujets ; le Concours eſt le creuſet des talens ; on ne ſe trompe guère ſur une réputation miſe au grand jour, attaquée par des Adverſaires intéreſſés à l'obſcurcir, & reconnue par le Public : Les Magiſtrats ſeront priés d'aſſiſter au Concours.

pour lui donner plus de célébrité. Alors on fera bien sûr que le vrai mérite sera couronné sans acception de perfonne, & sans autre recommandation que celle de la fupériorité des talens. Dans le choix des fujets propres à concourir, on doit examiner les mœurs, aufli-bien & peut-être encore plus que la fcience. Le but de l'éducation eft de former tout à la fois & l'efprit & le cœur.

UNIVERSITÉ.

Il feroit à défirer que le Concours fe fît dans une Univerfité, & que cette Univerfité fût établie à Rennes. Bien des raifons femblent l'appeller dans cette Ville.

Rennes eft fituée au centre de la haute-Bretagne. Prefqu'également à proximité de toutes les parties de la Province, elle l'eft encore des Provinces voifines.

Notre Collége eft un des plus grands & des plus nombreux du Royaume. La multitude & l'étendue de fes Bâtimens permettroient d'y ménager à chaque Faculté des lieux féparés & commodes pour leurs Exercices.

Les Eleves en Médecine y trouveroient un excellent cours d'Anatomie & de Chirurgie. La réputation que la Faculté des Arts réformée acquerroit à l'Univerfité, réjailliroit fur toutes les autres Facultés ; elle y attireroit beaucoup d'Etrangers. Un autre avantage ineftimable feroit celui d'étudier dans une Capitale : avantage dont le premier Critique du fiécle paffé connoiffoit fi bien le prix, qu'il défefpere qu'un homme de Lettres puiffe ailleurs fe former & fe perfectionner.

Enfin la préfence du Parlement, dont les regards bienfaifans & féconds échaufferoient les ef-

prits, exciteroit l'émulation, & conserveroit la
régle. Le goût des bonnes Etudes qui domineroit
bientôt à Rennes, s'y entretiendroit par les discours sçavans & solides de MM. les Gens du Roi,
& par les Plaidoyers & les Ecrits des Avocats les
plus célébres.

Que pourroit-on opposer à des motifs aussi
pressans? Qui pourroit empêcher une translation
si utile & si désirée par tous les bons Citoyens? Il
n'y auroit certes que l'intérêt particulier & mal-
entendu qui pût y former quelques obstacles :
mais ces obstacles seroient bientôt surmontés, si
Nosseigneurs de Parlement vouloient bien inter-
poser leurs bons offices auprès du Souverain pour
obtenir cette translation.

Toutes les Facultés étant ainsi réunies à Rennes, il seroit bon d'affilier tous les Colléges de la
Province à l'Université. Chacun de ces Colléges
feroit partie de la Faculté des Arts, & jouiroit
des mêmes priviléges ; mais le concours pour les
Places vacantes ne se feroit que dans l'Université.

Plusieurs raisons d'utilité publique exigent
qu'on ne conserve de Colléges que dans les principales Villes, & que tous les autres soient sup-
primés. Les dotations de ceux-ci seroient conver-
ties en Places de Boursiers qu'on pourroit attacher,
soit aux Colléges les plus voisins, soit au Collége
de Rennes ; il seroit à désirer qu'elles le fus-
sent toutes à l'Université. Plus une Ecole est
nombreuse, plus elle devient célèbre ; sa réputation attire de nouveaux Disciples, & ces
nouveaux Disciples entretiennent cette réputation, & l'augmentent. Il y a eu un temps qu'on
ne connoissoit qu'une seule Ecole, celle de Paris,
& on y accouroit de toutes les parties du Monde.

Quant aux petites Ecoles, & aux Pédagogies,
elles seroient subordonnées aux Colléges dans le

diftrict defquels elles fe trouveroient établies.

La faculté des Arts mérite une attention particuliére dans les circonftances préfentes , tant parce qu'elle eft le fondement de toutes les autres études , que parce qu'elle eft une de celles qui ont le plus befoin de réforme. C'eft à cette branche qu'il faut s'attacher d'abord, l'amélioration de cette partie refluera fur toutes les autres , & l'ordre qu'on y établira, fe fera fentir aux trois Facultés fupérieures ; mais pour obtenir le bien qu'on fe propofe, il faut des Citoyens libres , qui ne connoiffent d'autres engagemens que ceux de la Patrie , d'autres devoirs que celui d'être utiles , d'autres récompenfes que le cœur de leurs Concitoyens ; ce qui exclut néceffairement les Sociétés régulieres, qui rapportent tout à l'intérêt de leurs Corps, qui enlevent des Sujets qui auroient pu être utiles à l'Etat , & qui réfervent leur affection & leurs foins les plus particuliers pour ceux qu'ils deftinent à entrer dans leur Ordre & à l'illuftrer.

La découverte de bons Sujets dans la Province & leur acquifition, eft un des principaux moyens d'avoir de bons Profeffeurs & de faire des Sçavans dans tous les genres. Pour cela il faudroit que les talens fuffent honorés ; les Ecoliers qui brilleroient finguliérement dans un Collége, feroient envoyés à l'Univerfité, où ils feroient récompenfés par des marques diftinctives, par des penfions ou demi-penfions, &c. Ils entretiendroient l'émulation parmi les bons Sujets de l'Univerfité, la fucceffion des grades feroit la preuve non-équivoque des progrès : il n'y auroit plus de charlatans en littérature, l'or épuré au creufet des examens publics, feroit à coup fûr de bon or.

Comme il importe que dans un état chacun foit placé au pofte qui lui convient, auffi-tôt qu'on s'appercevroit, par des essais souvent répétés, qu'un Enfant n'auroit aucune disposition pour les Lettres, on en donneroit avis aux parens, & on le leur renverroit ; le mauvais Ecolier pourroit devenir un bon Artiste, un excellent Ouvrier.

On a remarqué que les hommes absolument sans talens, étoient des espéces de monstres aussi rares que les grands génies.

Pour entretenir l'harmonie parmi tous les Membres des Colléges & de l'Université, il faut des Loix qui les gouvernent, & un corps de régles auxquelles ils soient assujettis. Ce corps de régles renfermeroit tout ce qui concerne la police, tant intérieure qu'exterieure ; le temps & la maniere des Exercices sacrés & profanes, particuliers & publics, les devoirs réciproques des Professeurs & des Ecoliers, &c.

Voici le moment d'une révolution dans les Sciences, d'une refonte générale dans les connoissances humaines ; il faut en profiter, assurer ces Loix nouvelles sur des fondemens inébranlables, & qui ne fassent plus craindre une nouvelle révolution.

En sa qualité de Fondatrice, la Communauté de Rennes continuera de jouir des mêmes droits, honneurs, prééminences dont elle jouissoit avant la jonction de l'Université : la Ville nommera pareillement des Administrateurs des revenus attachés au Collége, qui ne pourront se dessaisir d'aucuns deniers qu'en vertu des Délibérations de la Communauté, & seront tenus de lui rendre compte de leur administration.

Nous vous avons exposé, Messieurs, avec la franchise de Citoyens qui aiment le bien public, tous les défauts que nous avons cru appercevoir dans l'instruction de la Jeunesse, & nous avons indiqué quelques-uns des remédes qu'on pourroit y appliquer. Nous attendons avec une confiance & une foumiffion refpectueufes, une décifion revêtue du fceau de l'autorité publique, un plan qui ferve de Loix, & à l'abri duquel nos Enfans marchent d'un pas fûr dans la carriere des Sciences, de la Littérature & des Arts. La Poftérité bénira les mains fecourables qui l'auront tirée du cahos où nous étions plongés, & qui lui auront appris l'Art d'employer utilement, au profit de la Religion, des Mœurs & de la Patrie, les momens précieux d'une vie trop courte pour les facrifier à des méthodes longues, inutiles, rebutantes, & auffi oppofées à l'expérience qu'à la raifon.

Le Masson Des Longrais,
Doyen des Echevins en exercice.

Bouvard le jeune,
Labbé,
Guichard,
Juhel,

} Echevins en exercice.

Le Meur, Procureur du Roi, **Syndic.**

Le Loué, Greffier.

Nota. Le Mémoire préfentée à l'Affemblée générale du 2 Juin 1762 contient quelques autres Réflexions; mais ces Réflexions n'étant pas bien effentielles, on a cru devoir les fupprimer.